Travessia

Uma viagem lírica em que o leitor atravessa seus mundos de mãos dadas com palavras e sentimentos de uma poeta

Catalogação na Fonte
Elaborado por: Dayanne Leal Souza
Bibliotecária CRB 9/2162

P453t
2024
	Peron, Regina
	    Travessia: uma viagem lírica em que o leitor atravessa seus mundos de mãos dadas com palavras e sentimentos de uma poeta / Regina Peron.
	1. ed. – Curitiba: Appris, 2024.
	    152 p. : il. ; 21 cm.
	
	    ISBN 978-65-250-6342-3
	
	    1. Literatura brasileira. 2. Poesia. 3. Amor. 4. Mulher.
	I. Peron, Regina. II. Título.
	
	                                                    CDD – B869.91

Editora e Livraria Appris Ltda.
Av. Manoel Ribas, 2265 – Mercês
Curitiba/PR – CEP: 80810-002
Tel. (41) 3156 - 4731
www.editoraappris.com.br

Printed in Brazil
Impresso no Brasil

Regina Peron

Travessia

Uma viagem lírica em que o leitor atravessa seus mundos de mãos
dadas com palavras e sentimentos de uma poeta

Appris
editora

Curitiba, PR

2024

FICHA TÉCNICA

EDITORIAL	Augusto V. de A. Coelho
	Sara C. de Andrade Coelho
COMITÊ EDITORIAL	Marli Caetano
	Andréa Barbosa Gouveia (UFPR)
	Edmeire C. Pereira (UFPR)
	Iraneide da Silva (UFC)
	Jacques de Lima Ferreira (UP)
SUPERVISORA EDITORIAL	Renata Cristina Lopes Miccelli
REVISÃO	Manuella Marquetti e Regina Peron
DIAGRAMAÇÃO	Amélia Lopes
CAPA	Lívia Costa

Aos poetas anônimos e aos leitores que nos lê
por apreciação ou curiosidade. Certa estou de que
a curiosidade os levará a percorrer caminhos
talvez nunca trilhados.

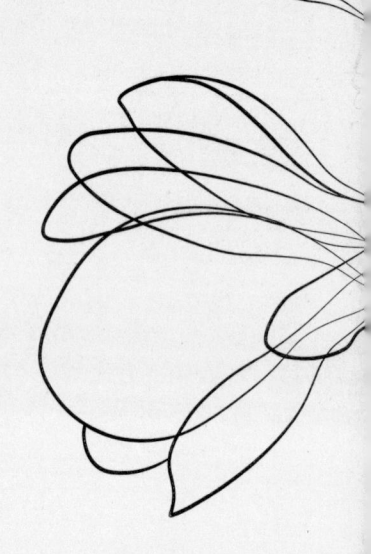

AGRADECIMENTOS

A Deus, todo poderoso e dono de todas as inspirações.

À minha família, que mesmo sem entender minha transformação, me acolheu e sempre será a minha base.

Aos leitores que já caminham comigo, me apreciam e me incentivam.

descobri,

por meio dos versos,

a sonhar.

aprendi

para alcançar o sonho,

a caminhar.

caminhei

e até aqui cheguei,

realizei.

sigo

para alcançar

todas as possibilidades.

A poesia é eterna no coração de quem ama!

(Regina Peron)

PREFÁCIO

Regina Peron! Nome forte. Impossível não lembrar de outra Peron (uma certa Evita).

Mas Regina é surpreendentemente doce. Então estou eu, no sossego de minha casa, quando, do nada, uma mensagem dela me surpreende com um honroso convite para escrever o prefácio de seu livro. Honroso e preocupante. Não é fácil "desnudar" literalmente essa mulher guerreira, que fez dos limões que a vida lhe proporcionou a tão famosa e doce (como ela) limonada. E vem ela me dizer que se inspirou em mim para começar a escrever. Um elogio? Orgulho, deveria eu sentir? Sei lá, só o que me veio de "bate-pronto" foi um medo desesperador de não corresponder à expectativa dela. E não se iludam, Regina é uma "fera" em seus "rabiscos"; os meus são mais densos. Se por um tempo servi de "inspiração" para que ela se dedicasse à poesia, ela se libertou desse jugo e criou seu próprio estilo, que, como num poema ("Regalo") deste livro mesmo diz: "UM SER LÍRICO LEVE".

Seus poemas passam por toda essa leveza. Regina tem o poder de transformar literalmente o feijão em sonho, quando faz um paralelo sensacional com a simples tarefa de um cozimento de feijão com os desígnios que a vida real nos impõe diariamente ("Escolhendo Feijão").

Regina, de seu intrínseco, deixa fluir toda a essência dessa magia, moldando com palavras e rimas os poemas apresentados neste livro a você, leitor, que ao final da leitura pode, sem sombra de dúvidas, apertar a sua mão (ainda que no imaginário) e dizer: "Muito prazer, Regina Peron!".

Elian Vieira da Silva *(Nane)*

Poeta

APRESENTAÇÃO

A obra que apresento é o despertar do desejo imenso de expressar a vida, não somente a minha, enquanto autora, mas de personagens diversos encontrados por aí e que não são humanos necessariamente. Tudo me inspira.

O hábito da leitura e a curiosidade me levaram ao primeiro "rabisco". Depois do primeiro, entendi que em mim existia um dom ainda não revelado. Verdadeiramente, a poesia e o olhar poético não mais me deixaram.

Expresso, em poucas páginas, o que poemar significa para mim. Nesse universo faço versos a partir de músicas, natureza, sonhos. É infinitamente encantador viver no mundo da poesia, mesmo que seja apenas por alguns momentos. A sensibilidade aflora e a alma fica livre.

Escrevo o amor como fonte de descobertas, alegrias e fantasias. Não é tão fácil amar e ser amado, ou deixar-se amar. Entrega, renúncia e um mergulho profundo são necessários para conhecer o verdadeiro amor. Tantas são as formas de amor. O importante é amar! O maior ensinamento de Deus.

O deserto é o momento pelo qual todos nós atravessamos em algum momento da vida. Escrever os desertos da vida contribuiu para a minha passagem pela depressão. Muitas vezes faltaram palavras, eu me sentia seca e sem vida. Foi uma fase de introspecção, ora escrevia, ora nada me vinha à cabeça. O mundo desértico é passageiro e inevitável. O que escrevi foi muito intenso, como intensa sou.

Por fim, adentrei o meu mundo mulher, o qual toda mulher, mas também todos os homens, deveriam conhecer. Mulher esposa, mãe, avó, profissional e que, nas horas possíveis, faz da vida uma poesia. A beleza, a sensibilidade e a ternura da mulher, a quem o tempo é cruel. Fazer as pazes com o tempo é sabedoria!

A minha humilde pretensão é proporcionar momentos de leveza, de identificação, de cura, de apreço pela leitura em forma de poesias. Espero que você, leitor, aprecie, e que esta obra traga algum sentido e significado para a sua vida. A leitura será inspiradora e provocará sentimentos diversos ao longo de cada página. Aproveite, afinal, absolutamente nada é por acaso.

SUMÁRIO

MEU MUNDO

POESIA

POESIA

escrever é ser diverso no único
é ser ímpar com o seu par
é a possibilidade de se reinventar
é a certeza de se perder
e a chance de se encontrar

ESCREVO A VIDA

sinto o desejo de escrever
como preciso do ar para respirar,
da água para matar a sede

corre em minhas veias o desejo de viajar,
sumir e me achar por entre as linhas
deixar escorrer dos dedos o meu pulsar,
aquele pensamento escondido,
o sentimento que está em mim,
em algum lugar.

e vão saindo as palavras
e vou registrando, escrevendo
e o coração vai se acalmando
e o oxigênio volta... estou vivendo!
parece dependência, vício
uma prisão que me liberta
uma janela para o mundo
um jeito de ser
que me deixa sempre alerta!

rimar é natural assim,
está em mim, vem de mim
não quero jamais fugir, esconder
quero escrever,
escrever e assim viver!

ALÉM

e por gostar de poesia,
vivo no mundo mágico
de quem se dá às letras...

fundamental é mesmo
crer que o mundo é muito mais
do que podemos ver!

POEMINHA DA PAZ

todo dia
quero a paz
da poesia
que irradia
em mim!

HORIZONTE

contemplo o pôr do sol
laranja no céu
fixo alguns minutos
na beleza desta realeza
dizendo adeus,
só por hoje

nesse instante,
paira um mim
uma nuvem de inspiração
respondo: não,
não me use agora!

só quero dormir com o sol,
repousar o meu cansaço
e a saudade...

DESCOBERTA

viaje
num mundo só teu,
imaginário
impenetrável

lugares
pessoas
sentimentos

o que sentes?
o que farias?

pois bem,
isso tudo é você,
é o teu mais real!
descobriu?

DÁDIVA

palavras são pérolas
são ricas,
são férteis

palavras são doces
suaves e
impetuosas

palavra é dom
é Deus
é poesia

palavra é presente
é luz
alumia

palavra é gente,
poeta,
que cria...

CRIATURA & CRIAÇÃO

vai e vem,
corre e corre
arranha-céus
cidade grande
hora do *rush*

cotidiano trivial
dizem ser
normal

rotina da vida
bem ou mal vivida,
quiçá sentida, talvez,
mais de uma vez
ou nunca

seria mais um dia
não fosse o olhar perdido e
achado na cerejeira
florida, delicada, impetuosa
charmosa,
toda vestida de rosa

tudo parou e
eu também

pura contemplação,
eu e a cerejeira
beleza e imensidão,
criaturas!

a vida e sua efemeridade
nas frágeis flores da cerejeira
que encanta por sua beleza
suave e provocante,
elegante

fico à mercê
e logo reflito
nas flores que se vão
ao chão...
despedida

é certo que
frutos virão
mistério ou não
é a vida,
em ritmo de criação!

POETICAMENTE

escute as minhas palavras,
minha profecia de amor

não sou eu quem vive
é o amor que habita em mim

toma minha poesia,
é minha vida à limpo

não sou eu a escrever,
é o que sinto
derramado em versos.

REGALO

uma dose de poesia
para brindar a vida
esquecer a dor
avaliar o percurso e
refazer a rota

coragem!

mais uma dose
para despedir
para recomeçar
para se iludir
para "sobriar"

um brinde!

beba poesia
porque a vida custa
a felicidade é árdua
e a existência é breve

poeme!

e se não podes
apenas sinta
a causa/efeito
de ser lírico
leve

sutilmente poeta!

COLHEITA

o caminho é longo
o tempo é curto
viver é belo
e o ser humano, aprendiz.

a vida se bifurca
nas esquinas, nas escolhas
muda o rumo
exige decisões

o que plantei, já foi
agora é colher,
saborear o fruto
ou morrer de fome

plantar é escolha
colher é fato
o tempo é breve
jogue a semente...

SOLIDÃO VIROU POESIA

a solidão virou poesia
fundida à alma poeta
inspira, acalma, ejeta

solitário é quem ama demais
e faz das rimas tantos "ais"
não se culpa por chorar demais

solidão também é amor
não é só dor,
e existe para recompor

é lição, perdição
inspiração e imaginação
suor e cavação.

solidão com amor
solidão e companhia
solidão com paz
solidão com melancolia
solidão com nostalgia

acabemos logo com isso
pois, é chegada a hora
de outra cena, outra história.

depois que rimei, me libertei
da solidão me retirei
estou livre!
da solidão me deliciei.

NUS EM NÓS

estamos nus
sem julgamentos, nem preconceitos
estamos nus
olhando para o mais íntimo do nosso ser
estamos nus
para abandonar as máscaras, as farsas
estamos nus
em busca do sentimento mais puro
estamos nus
a vergonha não habita em nós
estamos nus
e podemos enxergar além dos olhos
estamos nus
e não é preciso luz, somente a entrega
estamos nus e permaneceremos assim,
até que tudo termine....

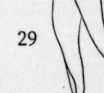

MINHA INSPIRAÇÃO

você não me deixou
hoje me visitou
bom reencontrar-me contigo
te quero sempre comigo

minha inspiração deu um tempo
perdeu-se no vento
respeitei o momento
agora, me aposso desse talento

rabiscar a vida, os fatos, as invenções
sentimentos banais, reais, normais
poetizar a vida, as dores, os ais
tanto me fazem bem, sinto paz...

a vida se reescrevendo
outra forma, outro tom, outro verso
aprendizados, marcas, sonhos
quero de novo esse universo

aceito o desafio, cá estou
venham todos quantos quiserem
sou forte, caio e levanto
pronto para o que der e vier

EU VEJO ANJOS

faço a experiência
de ver anjos por aí
perdidos na multidão
em busca do meu olhar

o encontro, olhos nos olhos
reconheço o anjo e sinto paz
seu olhar me penetra, me conhece
não me julga, me aceita como sou

só um anjo pode adentrar este ser
perdido no tempo, sofrendo na dor
anjos são atentos, não dormem
têm o colo em prontidão
o abraço envolvente
da experiência do céu

quando encontro com ele
há o céu dentro de mim
sou um céu que mora nele
anjos são doces amigos
estão por aí, bem ali
olha ele lendo isso aqui!
eu encontrei, olhei
não resisti, e me entreguei

QUISERA SER FLOR

eu sou poesia
quisera ser uma flor
mas assim eu morreria
por isso, sou poesia
e transformo a vida em flor
em cada rabisco de dor
em cada poema de amor

POESIA EU SOU

não sei se me perco
ou se me acho nos versos
o que sei é que estou neles
como as notas na canção

sou versos de vida
sou poema de gratidão
sou rimas de despedida
prosas da minha vida

não sei se me perco ou me acho
nas entrelinhas da poesia
sei que ali estou
que me possui
poesia eu fui
poesia eu sou!

ESCOLHENDO FEIJÃO

é dia de cozinhar feijão...
água para ferver no fogão
debrucei o pacote sobre a mesa
comecei o ritual
e, de repente, me dei conta
do que nos ensina
o ato de escolher feijão
e comecei a contemplar, então

começamos selecionando os melhores grãos
na vida fazemos assim
queremos por perto quem julgamos melhores
que nos fazem bem, que amamos

muitas vezes desprezamos
aqueles que não têm ninguém
aos que faltam oportunidades
e os jogamos no lixo
como o feijão que não fora escolhido
fica um coração ferido

olho bem, vejo carunchos
que comem os grãos, descartando-os
pensei em quantos carunchos invadem a nossa vida
quantas cruzes, tantos bichos a assombrar
corroendo o melhor de mim
destruindo, querendo o meu fim
problemas, corrupção, desastres
drogas, doenças e solidão

a vida perdendo o rumo
nossos bichos na direção

lembrei das pessoas distantes
as que guardei no coração
mas ficaram pelo caminho
encontros e despedidas
vi nos grãos tantas pessoas queridas
que já compuseram a minha história
e ficaram na minha memória

desliguei o fogo, pois,
preciso que os grãos fiquem de molho
para o melhor cozimento
lembrei-me nesse momento
que é preciso, por vezes, esperar
pois tudo tem seu tempo e sua hora
nem sempre o que se deseja é para agora
sabedoria é saber confiar

minha reflexão chegou ao fim
tantas coisas vieram a mim
enquanto escolhi o feijão

olhando para cada grão
enxerguei um pouco de mim
vi minha vida passando
escolhas me direcionando
é hora de acordar
desse devaneio de poemar
no feijão que está para cozinhar!

TE POEMO

te poemo
me poemas
nosso mundo
nossas cenas

te poemo
te versejo
te encanto
me encantas

te poemo
me poemas
me encontro
nos poemas
que poemas
e te poemo.

TRANSFORMAÇÃO

floresce em mim
todos os detalhes
alma aflorada sou!

BUSCAS

a vida tem peças, encaixes, ajustes e desajustes
brota da alma o intuito de libertar correntes sangrias
sigo derramando minhas poções por onde passo
hora inteiro, noutra cacos
sou acertos, sou pedaços
rasgos e remendos
sobretudo,
com desejo de romper o melhor que há em mim

ENIGMA

vivo de reticências...
exclamo glórias!
e verto lágrimas...
sigo humana, *in poesia*

tudo existe e tem sentido

mesmo que tudo não sinta
experimento intensamente,
do meu jeito

sou casca e espinhos,
flores e pétalas
e vou deixando rastros
de tudo um pouco
ora voo, ora passos

insisto na vida que dói
mas recompensa
nos tantos amores presentes,
dádivas na vida do poeta

sigo enigma!
nem sempre luz, nem sempre trevas
contudo, é certo:
no escuro, hei de brilhar ainda mais!

INTRÍNSECO

entre o sim e o não
existe um espaço de tempo
existe um espaço de vida
o que quiser botar dentro

cabe o bem e cabe o mal
cabe o sonho e o real
o amor e a indiferença
o que sentir, afinal?

nos desejos também cabem
a realidade
os afetos guardados
e o amor reprimido
cabe, oh! se cabe!

pode estar vazio
doente, com frio
pode cheio estar
de amor para espalhar

cada qual tem seu espaço
de tempo, de vida e morte
vive quem alimento
e morre por falta de sorte

o tempo, o espaço, a vida
cabem na mão do poeta
que rabisca o sentimento
no espaço que é só seu

dentro do coração
onde ninguém adentra
sou sonho, poesia e dor
meu espaço de amor,
do meu amor
do amor que sou!

VOO

dia após dia,
vou e volto
vejo e revejo,
eu no caminho

sigo voando,
sem perder tempo
feito borboletas leves
que beijam as flores

situações da vida
que acolho e sinto
sigo beijando,
vivendo e voando...

ORAÇÃO DOS VERSOS

senhor dos versos,
solta minhas palavras:
verborragia

faz-me livre do tempo
para ser poesia!

amém!

AMOR E POESIA

não sei se escrevo por falta
ou por excesso de amor

o que sei é que escrevo
e às vezes amo,
ou

sei que amo
e às vezes escrevo

não importa!

sei que não vivo sem eles:
amor e poesia
ou

a poesia vive em mim
por isso sou amor
ou

o amor vive em mim
e por isso sou poesia

amo o que escrevo
sou parte da poesia
que me faz inteira amor
e
parte de mim é amor
por que faço poesia

sou poesia quando amo
e amo fazer poesia
... é o que sinto!

POESIA EM MIM

é intenso!
não cabe
em mim...

penso
sinto
inspiro
escrevo
existo

porque não cabe em mim...

poemo
viajo
vivo
eu e tantos
de tantas formas
e lugares

pensamento,
êxtase, movimento
aqui dentro
sublimo
respiro...

poesia é assim,
algo que não cabe em mim...
intenso!

MINHA FLOR POEMA

minha flor poema abre-se à estação
nem sempre flor, nem sempre poema
o que brota em mim é força da natureza

o instinto poético morre e nasce
no broto persistente
na aridez da vida
na dor do germinar

permito rebentar e
renascer sempre na poesia

POESIA VIVA

quisera ser alma penada
a vagar pelo infinito
perdido no vão do tempo
e envolto aos sonhos dos amantes

não ter parada
ser poeira no vento
voar, voar,
em fino pó

distribuir-me ao mundo
ser tudo em todos os lugares
e jogar semente de poesia
por onde passar

gritar sentimentos
engaiolados
rajadas de luzes
na velocidade do tempo
do momento agora
e no eterno!

desejo de poeta
sonho de louco
cobiça de tolo
desmedido jeito
de ser poesia viva!

SINTO, LOGO, POEMO

não tenho medo da vida
tenho medo das regras

que por vezes paralisam a vida
e o que dela deriva

tenho medo da regra
de "ter que ser assim para ser certo"
e penso:
regra com felicidade
combinam?

por isso, poemo sem regras
porque escrever me permite
o que a regra me opõe!

GENUÍNA

perdi-me nos desejos
de Maria Alice,
poesia!

desejei ser uma em tantas
e nem fui eu
nem me senti

eu com tantas maravilhas
protagonista de tantos milagres
perdi-me olhando
contemplando, sem ser

hoje nem sei o meu nome
só me encontro nos versos
de dona Maria
de doutora Alice
crendice!

acreditar que poderia
ser tantas em poesia
se sou apenas eu
genuína em meus versos

VERSOS VERDES

versos verdes
nascente
no peito poeta

semente surgindo:
inspiração!
sinto o cheiro

planto e colho
meus verdes versos

NOVO TEMPO

nova fase
novas rimas
versos
sentimentos

o poeta se fecha
se inclina
ajoelha ao divino
e entrega seus desejos
para que a obra se faça

dá o primeiro passo
e o ponto final
para abrir o novo verso

depois dos dias em concha
depois de ter sufocado a poesia
espia pela fresta
a luz que o atrai
e recomenda:

guarda tua poesia,
sem medo
dorme em paz,
é novo tempo
vem...

TODA PROSA

peço
ouço
necessito

poema
em versos quentes
na noite fria
toda rima
toda prosa
ardendo em poesia!

EVIDÊNCIAS

de tanto fugir
encontrei-me
e agora sei claramente
o caminho que me espera

entrego-me!

ao encanto dos versos que fiz
mas não entreguei
rimas que senti
e não dei
poemas de amor
que não declarei
sentimento devasso

escancaro!
a vida em palavras
não quero pudor
nem entrelinhas

quero falar de poesia
sentir na veia escorrer
o puro dom de mim
permito
emano, nasço,
regaço

me vejo
me sinto
me escrevo...
e assim sou poesia
límpida, imaculada
evidentemente poética!

VÍCIO

as palavras saem,
libertam o veneno contido...
e como antídoto da minha prisão
solto as letras
e deixo a alma versejar

vida e poesia se misturam
é livre quem vive desse vício

MAR SEM FIM

diante de um mar sem fim
de infinitas possibilidades
onde estou nesse universo?

onde estiver
lócus de cura e salvação
há quem queira a perdição
detalhes do livre arbítrio

poeta vê o mar
imagina o mundo nascendo
do nada

não tem limite
cria, viaja, não há fim
pura arte

sente o mar infinito
acolhe e liberta
voa nos versos
abre as mãos e a alma
voa!

MEU MUNDO

AMOR

AMO! LOGO, EXISTO

busco dentro, em mim
acordar o adormecido gosto
feito de gozo
paz de *pós lúdio*
prazer e recompensa

busco matar a sede
no regaço dos teus braços
no aroma do teu cheiro
no sabor do teu amor
sou flor

busco somente a ti
que me ama em pele
que chama e seduz
e me põe a viver
assim, existo!

59

SE EU PUDESSE

se eu pudesse te contar
os meus segredos, meus medos
se pudesse ser somente eu,
sem negar minha raridade

se pudesse te entregar meu eu
meus sonhos, meu gozo
se pudesse calar a tua boca
com o beijo meu, tão seu

juro, te daria
e também te contaria
do raro amor que eu sinto,
do sonho lindo de te amar, por fim

faria versos do amor,
entregaria por carta, e-mail, celular
mas não te perderia,
perigoso te roubar
ah! se eu pudesse...

INFELIZ

meu sentimento não cabe
na singela poesia
que para ti escreveria
para falar do meu amor

faria poemas rimados
versos de amor cravados
rimas de orgias e orgasmos

citaria os pensadores
e os melhores versos de amores
seriam para ti, sem pudores

mas não houve rima que desse
nem por tudo que eu fizesse
meu amor não lhe apetece

assim...

guardo os versos que não fiz
e tudo que você não quis
para viver feliz
infeliz!

O CANTO DOS PÁSSAROS

o canto dos pássaros
desperta recordações
como orquestra fina e suave
a embalar meus pensamentos

fecho os olhos
e posso sentir
o que outrora fora pele
hoje lembrança e saudade

o canto dos pássaros
desperta recordações
de um tema sem fim

provoca ruídos e
sequestra minha realidade

o canto dos pássaros
é amor em melodia
é sonho em pleno dia

são ecos de necessidade
poeta em plena saudade

eles, os cantos
são rimas sem fim
encantos
são poesias em mim

PARA SEMPRE

ouço seus sussurros
seus poemas ao "pé do ouvido".
viajo nas palavras,
ando nas nuvens
vou perto do céu e volto
direto pros seus braços.

no seu abraço me deleito
encosto meu rosto em teu peito
as mãos não param, exploram
palavras de amor dos teus lábios afloram.

o mundo podia acabar assim
eu em você, você em mim
tão feliz me sinto assim
acaba não, amor sem fim!

O AMOR CHEGOU

o meu amor chegou!
mais do que a presença física,
ele ficou...

estacionou no pensamento,
está presente no vento.
ele sabe estar...

o meu amor chegou!
e eu que tanto esperava por ele,
sinto felicidade...

vem, amor, ficar comigo
vem ser presença, meu abrigo
vem ser você comigo!

A NOVIDADE DO AMOR

a vida e suas possibilidades!

quando tudo era calmaria
surgiu algo diferente
o coração ficou contente
quente!

um encontro surreal
fora da realidade
nada dentro do normal
balança o viver

experimentar, talvez
ver para crer
sem medos, nem expectativas
entregar-se sem reservas, sem medidas

ainda bem que a vida é assim
a novidade não esquece de mim.

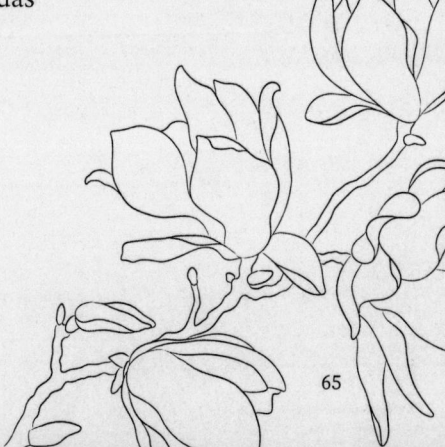

O QUE É O AMOR?

o que é o amor?
receita para a felicidade
viver a verdade
exercício de lealdade.

o que é o amor?
dói, machuca, entorpece
tem gente que até adoece
o que era para ser não floresce.

o que é o amor?
o que há depois da paixão?
ou misturado estão?
sei não, sei não...

o que é o amor?
atração, azaração
curtição, malhação
tesão, tesão, tesão...

o que é o amor?
perdão, aceitação
doação, compaixão
tudo isso, além de dar-se, então.

o que é o amor?
só sabe quem ama
só ama quem se entrega
só se entrega quem é bobo
e quem não for,
atire a primeira pedra!

O POUSO DE UM PASSARINHO

passarinho pousou no pensamento
disse que me possui neste momento
presa nos delírios
como personagem principal
de uma trama de amor sem igual

passarinho me contou
que fica triste se não apareço
encarregou-se de me prender
não me deixa livre ser
insisto, então

vai, passarinho, leva meu amor
pro moço sentado na varanda
chega de mansinho, faz sonzinho
cante ao meu amor dizendo
que o espero em nosso ninho.

TODA FORMA DE AMOR

quero amar cada vez mais
e de forma diferente
assim, posso ser melhor gente
sair espalhando semente
intensa e profundamente

que caia em boa terra
que dê belos frutos em flor
capaz de florescer em mim
em você e afins
toda forma de amor

A VIAGEM

o seu amor chamou e eu parti
deixei meus rastros, te segui
corri para um lugar
sem saber ao certo o que encontrar
mas queria lá estar e explorar

visitei lugares como o paraíso
estive perto do inferno, me queimei
me perdi e me encontrei

senti sabor de juventude
amei sem medidas, sem rédeas
viajei no tempo
eu, o amor e o vento

apreciei cada momento
gravado em algum lugar
e a fim de resgatar
deixei meus rastros

depois de me aventurar
sabia que passaria
mas na memória ficaria
os dias da minha vida
que viajei, me atirei
muito vivi, pouco pensei

é hora de voltar
todo roteiro tem um fim
como tudo que começa
a viagem também termina

deixa marcas e retratos
de tantas vidas encontradas

pego a bagagem, volto no rastro
o roteiro chegou ao fim
até a próxima...

DESASSOSSEGO

desarruma tudo em mim
faz-me sentir diferente
minha calmaria
e meu desassossego

nosso amor é um emaranhado,
sem saída
intenso, denso, terno

não sou eu,
desde você na minha vida,
nem quero

ando assim
desassossegado
rendido de amor

te quero mais
do que a minha paz

só penso ser com você
e temo
me reencontrar sem ti

e se minha lucidez
me fizer me achar,
me perco de novo
para te encontrar
e não morrer de saudade!

ESPERAS

esperança que acorda
e adormece em meu colo
te acolho e te amo no cotidiano
e na poesia de cada dia

conto as horas
os dias se arrastam
fazendo-me mergulhar
numa saudade infinita
no desejo do teu regaço
e do teu afago que me acalma

faço do silêncio meu par
momentaneamente
para não morrer de amor
e não me sufocar na saudade
me fecho, calo, me aquieto

o silêncio é refazimento d'alma
que prepara para o grande amor
assim espero e suporto os dias
que separam o sonho da realidade

me apronto, me excito
para morrer de amor
e nele viver/reviver
nas carícias tantas
que nos reservam,
quiçá o dia
mais bonito das nossas vidas

RESENHA

poemo um amor
um sonho a dois
imaginado
experimentado

desenho versos represados
em nós libertados
vivenciados
despetalados
nos beijos roubados
selados
antes sufocados

poema de espera
versos vividos
intensos
divididos
meus e teus
ficarão guardados

também as canções
ouvidas ao léu
tão nossas
as rimas de amor
melodia que compomos
nos dias meus e teus

espalhei no tempo,
diluí

assim, tento não sentir
a dor de não perpetuar
as resenhas que fiz,
vivi,
e senti partir

ESPERA

é chegada a hora
eu sei
chega feito brisa leve
acarinhando minhas maçãs
eu sonho

é chegada a hora
de deixar viver
sobreviver
acontecer

é chegada a hora
a nossa hora
sem demora
e para a eternidade,
enfim

é chegada a hora
espero,
anseio as horas
em que seremos um

AMOR EM MIM

acorda, essência
desperta, que a vida passa
e fechar os olhos
não apressa os dias

acorda
que o tempo escorre
tire a máscara
tu que dormes

acorda hoje
para o agora
abre os olhos
e vê

vem ser
viver
explode
para o bem que há em você

UMA JANELA DE AMOR

espero, tardes a fio
a chegada da lua nua
de preconceitos
louca de desejos

ouço da janela o sussurro
em poesia
inspiração vagueia
abro as portas

vem fazer meus versos
nascerem do limbo,
anseio

vejo em ti minha poesia
sinto em mim os versos seus
a lua e os versos
você e eu
espaço e janela de amor

EM MIM

teu amor alarga o coração
põe sorriso nos lábios
açucara os meus dias

quão doce como tu
somente tu
não há outro
nem há nada

anseio o teu beijo,
como o vigia pela aurora
anseio o teu abraço
meu refúgio, meu regaço

meus dias são fantasias
minhas noites, emboscadas
de saudades tantas...

SOMOS

calou-me
o impacto do teu amor
emudeci quem eu era
para gritar nosso novo ser

reviro-me...

para gritar nosso novo ser
emudeci quem eu era
o impacto do teu amor
calou-me!

CARINHOSO

carinhoso é
escrever para você
na esperança de ser lido
quando na verdade
eu estou me lendo

sou eu sendo
sentindo, sentidos
todo carinho que brota
quando escrevo...

MIRAGEM

no despertar te encontrei
não era hora, mas acordei
rendi meus versos
estou aqui

por onde irei?
ainda não sei
tem amor ali
pelo caminho
sinto saudade

ah! me perverti
se te encontrei

pois, nossos encontros são
flechas que rasgam o peito
vendaval que desfaz
o que estava ajeitado

te amo em sono
te amo em sonho
e dá tão certo
amar assim

pois, se desperto
tua flecha me rasga
és vendaval
a bagunçar a minha vida
e deixar-me no adeus

no despertar te encontrei
até sonhei
lambuzei suas delícias
te fiz meu mel

mas você se foi
mais uma vez
no tempo da luz
ou fui eu que acordei?

AMO

amo porque sou intenso
porque tenho veias
dentro de mim escorre o amor
por todas as células,
involuntário, necessário

o amor é meu impulso, meu pulso

amo porque preciso de amor
para me amar
e me amar é tudo
e basta!

POESIA EM NÓS

minhas entrelinhas não te são ocultas

desnuda o meu silêncio
e a poesia se rompe

resistências vãs...
quando a linguagem poética fala por nós!

MEU MUNDO DESERTO

OBSERVÂNCIA

poeta calado
nem sempre
é estágio sofrimento

pode ser só um momento
de silêncio interior
reencontro do eu,
observância

poeta calado
escuta o som do viver
pulsa mansinho na paz
desenhando a própria vida

segue assim
pura poesia
sem, necessariamente,
escrever...

365

tramas,
histórias secas e
memórias fartas

dramas,
amores que curam
e paixões que matam

dias,
de sol intenso
e de inverno cinza

horas,
a cantar vitórias
e chorar saudades

marcas,
de lágrimas e risos...
tatuagem

seguem marcados
365 dias
de tramas e dramas
dias e horas
eternizados no sempre
da minha existência

é a vida!

MELANCOLIA

ouço a chuva lá fora
ou são lágrimas do mundo que ouço?
um mundo triste conosco
um mundo carente de amor

atento-me um pouco mais
e meu coração, enfim,
sente o mundo chorando
por tanta gente que mente
por tantos que não conseguem ser gente

são lágrimas de melancolia
por não vivermos só alegria
como Deus disse que seria
simplesmente, complicamos tudo

dizemos não ao plano de amor
e corremos ao que nos causa dor
a chuva continua, as lágrimas caem
versos e rimas, do meu pensamento saem...

DIAS DE FRIO

em dias de frio
fico assim pensando
me pego rimando
versos de amor, de prazer, de dor.

penso no que podia ser e não foi
no que era pra ser feito e não fiz
mas também no tanto a se fazer
no tanto a plantar e colher.

dias de frio são doloridos
pois me fazem remoer sentimentos
tanto bons como ruins
e esse contato comigo
me deixa fria também.

preciso de um cobertor
necessito um amor
que me tire essa dor
do frio, mas da existência também.

MÁSCARAS

mais uma vez lavo o rosto
olho no espelho e vejo as expressões
ensaiadas, sempre usadas, decoradas

vejo dentro dos meus olhos
sinto em minh'alma
o sonho de ser diferente
mas a pequenez
diante de tanta gente
aprisiona

inspiro, respiro
vejo, lavo, enxugo
fico mudo, inexpressivo, pensando
qual máscara devo agora usar?

baixo o olhar e respiro fundo
o tempo passa, é preciso encarar
é hora de a maquiagem retocar

DESTINOS

quando os destinos se encontram
os pensamentos tornam-se prisioneiros
há um pensar em ti, um pensar em mim
em ritmo de paixão, de sedução.
fase de entrega, de nudez
promessas, sonhos, planos e prazeres

quando os destinos se perdem
os pensamentos continuam prisioneiros
há um pensar em ti, um pensar em mim
em ritmo de desilusão, de decepção
fase de separação, de introspecção
desencantos, realidade, solidão e saudade.

93

ENCONTRO COMIGO

mergulhei em mim
me perdi, sofri

senti que tudo
dependia de mim mesma
mas não quis sair,
precisava degustar
o momento.

ir ao cerne, à fonte
não fugir, nem escapar
do que havia de ser revelado
enxergar o meu pecado

encontrei-me desesperado
olhos fechados, medo das sombras
que me aterrorizavam
amedrontavam

de repente, com firmeza
e delicadeza
senti as mãos de alguém sobre as minhas
não estava mais sozinha

respirei fundo, encarei meu mundo
abri os olhos, olhei meu menor
meu pior

não senti medo e não estava só
sua presença me renascia

reconheci minhas dores
identifiquei meus amores
numa viagem profunda, vital
descobri-me como criatura mortal
passível de sentimento tal

sem pena de mim, pude me erguer
segurei firme nas mãos que encontrei
nos amores, na vida, nas conquistas foquei
e com coragem, levantei

feridas ficaram, marcaram
mas o caminho é cheio de dores
agora sei que me tornei mais forte
que para ter vida é preciso aceitar a morte
tantas vezes

SOBRE O PERDÃO

perdão é elevação
não ficar no chão
ato de coragem
sair da embalagem

arrancar as máscaras
nova proposta
novo caminho
com todos ou sozinho

mostrar seu valor
livrar-se da dor
ser livre do rancor
brindar o amor

perdoar e ser perdoado
é o caminho a ser traçado
por você, por mim, por todos
projeto de vida, não é jogo

melhor bem: perdoar ou ser perdoado?
fica a questão e vale o ditado
se perdão é bom ganhar
perdoar é se transformar

POESIA SINISTRA

estranheza da vida
surpresas esperadas
tristezas superadas
mortes ressuscitadas

sonhos inacabados
amores abandonados
caminhos detalhados

momentos desejados
rimas da vida
prosas de morte
poesia sinistra

sigo, paro, fujo
para quem fica
boa sorte!

SAUDADE

minha poesia anda solta
perdi na esquina da existência
inspiração que não pulsa
desde a sua ausência

poucos versos componho
retraio, penso, que estranho
poesia, vida minha, me incendeia
põe fogo em minh'alma, entra na veia!

embriaga meus dias
sufoca o meu ar, vem amar
poesia, vem ao meu encontro
apressa em me libertar
sinto saudade de ti

PERDAS

tão inevitável quanto amargo
o gosto de perder
e embora a vida contemple a perda
perder lembra morrer

a cada segundo, uma perda
no amor não correspondido
no trabalho quase falido
no afeto que ficou escondido

faltou dizer o quanto amo
olhar mais o horizonte
contemplar a flor do campo
correr e se esconder nos montes

deixei de rir alto demais
não tomei a "saideira"
não comi o pastel da feira
não aproveitei a segunda-feira

perdi-me nas mesquinharias
não cumprimentei o vizinho
não soltei o passarinho
não retribuí com carinho

perder e ganhar andam juntos
depois da chuva, o sol
depois da noite, o dia
depois do escuro, o farol.

sofrimentos, dores e amores
cada momento, uma estação
entretanto, depois das lágrimas
há de vir a reconstrução

conceda-me acordar em tempo
de exercitar o desapego
não me paralisar pelo medo
conseguir desvendar o segredo

e que as perdas acordem os homens
para melhor viverem ou morrerem
e diante da fragilidade da vida
encontrem a força para viver a partida

ANJOS E DEMÔNIOS

almas penadas assombram
andam acorrentadas
à procura da caça
teimam espantar os anjos
que se abrigam no íntimo do ser

demônios querem o domínio
da alma entorpecida de mocidade
perigo latente, evidente, iminente
lobos uivam, desejos insanos

anjos se aproximam, sondam
os demônios perdem a razão
ao serem fuzilados pelo clarão

luz dos anjos, da vida, de amor
raios reluzentes espalham-se, devoram-me
estou na luz, sou luz, o brilho me conduz
estrada, é caminhada longa

juntam-se a mim, e partimos
para outra cena, outra esquina,
cá estou, à deriva, na rotina

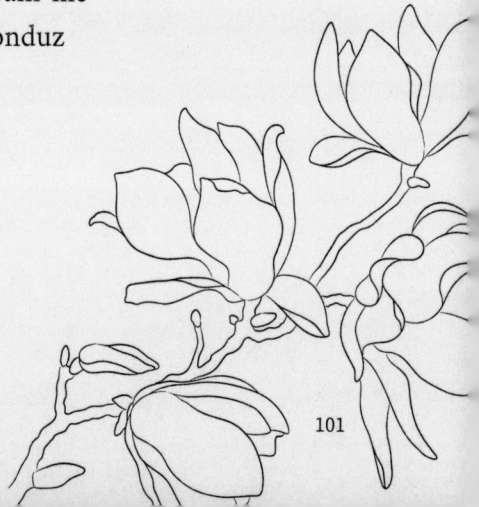

IDAS E VINDAS

as idas e vindas da vida
aproximam e distanciam
almas queridas, por vezes fundidas
hoje se veem partidas

conectadas pela imagem
pela suposição da volta
pelo amor recolhido
pelo sonho expelido, banido

as vindas trazem o amor
as idas deflagram a dor
oportunidades de renascimento
aprender com o sofrimento...

EU COMIGO

às vezes, fico assim
olhar perdido no horizonte
busco sentido para recomeçar
desejo algo a me impulsionar

sou eu comigo mesmo
a passear dentro de mim
tantas incertezas aqui
medo de não conseguir

fico assim, sozinho, mas
não pense que fico triste
preciso deste momento
de encontro com o meu eu

vou longe, faço contatos
vejo erros
brindo acertos, são bons!
procuro olhar adiante

sigo sozinho
tantos estão comigo
mas eu comigo estou só
a desenhar meu destino
fazer as minhas escolhas

sinto amor de tanta gente
isso me deixa contente
contudo, feliz também eu sigo
nesses encontros comigo...

DO PÓ À VIDA

quando me sinto pó
nem a terra me acolhe
nem há o que console
meu coração que dorme

não há vida, nem esperança
nada que acorde minha criança
preciso da solidão
para encontrar-me, então

o pequeno grão de areia
que pelo mundo vagueia
precisa o caminho encontrar
para o barro formar

segue a vida
nos moldando
cacos vão se ajeitando
novo vaso se formando
do pó que estava chorando
vida que segue, voando

CHUVA DE PEDRAS E ROSAS

mais um grande temporal
nuvens cerradas, céu escuro
ventos sopram de norte a sul
é preciso proteger-se
das pedras que caem
no teu e no meu jardim

em vão tentar proteger-se
das pedras que destroem
pela força e brutalidade
vento e tempestade
pedras por todos os lados
caem sobre o telhado
sinto-me ameaçado

sem cessar as pedras
eis que rosas coloridas
tocam-me a vida
aliviam a ferida
rosas do céu azul
perfumadas, arredondadas
chuva de rosas

sou capaz de esquecer as pedras
embora as sinta batendo em mim
para cada pedra, uma rosa
para a morte, vida que renova

sonho como seria
contemplar a chuva de rosas
e o perfume que alivia
sem as dores das pedras
que recebo todos os dias

mais um temporal se foi
pedras sempre cairão
e rosas derramarão
a mim cabe acolher
meu jeito de enfrentar os maus tempos

RETICÊNCIAS

não sei colocar ponto final
não desejo o pequeno e forte ponto
prefiro reticências...
porque abre possibilidades

com ela posso enxergar algo
ainda a se revelar
ou será o ponto final
que outro caminho mostrará?

na dúvida, uso reticências
e gosto de ser assim, reticente
sem ponto final
a vida não merece
essa pontuação fatal

sem usar o ponto final
sigo carimbando
com minhas reticências...
por onde eu for...

DECLARAÇÃO DE AMOR

neste momento
sinto um amor tão grande
que só em poesia poderia dizer-te
amor meu, tão pequeno e presente
presente em mim
presente de Deus!

que esta declaração de amor
chegue ao seu coração
mesmo pequeno e indefeso
aqui estou
rendo meu amor por você
eu te amo!

quero que cresças
em estatura, sabedoria e graça
desejo que minha vida
alimente sua vida e morada
enquanto estiver em mim
somos gestados
eu te amo!

perdoe-me se magoei
aceite-me como sou
só sua mamãe

não me escolhestes
nem te escolhi
fomos escolhidos
eu te amo!

toma minha vida
faça presença nela
dou-me como sua morada
seja feliz junto a mim
como estou feliz com você
eu te amo!

podes me ouvir?
eu te amo
podes me tocar?
eu te amo!
fique comigo, meu amor, não vá
tenho tanto amor para te dar
e eu te amo!

ENCONTRO ESPERADO

esperei por você toda a noite
meus olhos não cerraram
ficaram despertos, ouvindo passos
que não eram seus, nem os meus
estive paralisado no tempo
esperando o momento
de o encontro acontecer

porém, não senti, não percebi
fechei-me em mim
só me vi e não te enxerguei
e tanto que te esperei

não pude sentir a presença
pois somente a mim eu olhava
só via os meus problemas
com nada mais me importava

estar assim foi impedimento
de viver esse encontro
o momento em que me pegaria nos braços
me tomaria de paz e amor
terei outra chance?

agora é dia e a noite vem
preciso dar adeus a mim
preparar-me a te esperar
novamente...

o momento é de esperança
me sinto uma criança
na expectativa de te olhar
dar-te minhas mãos
deixar-me levar por ti
aos braços do Pai...

UM JARDIM EM MIM

visitei um jardim
vi flores secas e mortas
morrendo, sangrando, sedentas

vi o céu cinzento
os pássaros em retirada
ali não havia nada

vi a partida da passarada
verde morto no chão
nenhum sinal de esperança
e lutar pela vida
em vão

visitou-me um jardim
trouxe-me rosas vermelhas
senti o perfume da existência
das dálias, margaridas, do cravo e da rosa

admirei a beleza da hortênsia
o beija-flor veio ver-me, sorriu, me beijou

com ele vieram os outros
cada pássaro mais lindo
o verde era brilhante
a morte estava distante

aprendi que sou um jardim
que ao olhar para mim
posso ver flores coloridas e perfumadas
ou espantar a passarada

se seca estou e não cuidei do que sou
embora deseje o cheiro do mato, da flor
as cores das flores, o canto dos pássaros
ainda me perco no deserto sem vida
demoro a encontrar a saída
que me leve ao jardim florido
e me afaste do que merece ser esquecido

ESCURIDÃO

sinto-me prisioneira
na bolha
que envolve
e acolhe
quem sofre de solidão

não há ajuda...
só enganos
de um mundo bom
que inexiste

quisera espalhar esperança
mas feito criança
fecho-me na bolha
do ventre quente e umedecido
estremeço

angústia pura
do poeta
que não consegue parir
muito menos
nascer

DESPEDIDAS

quero falar de despedidas
dessas que sangram
feito navalha na pele

gritar minha impotência
exorcizar meu medo
de seguir sozinho
encará-la de frente

mas sangra...
dói como parto
contudo, nele, no parto
há vida
e agora sou só partida

sei
preciso morrer por inteiropara me dar a chance
de renascer
contudo, nem sei se quero
viver assim por viver

de fato,
já não importa,
se for assim...

e se o mundo for só despedidas
peço licença para viver no meu particular
onde levo quem eu quiser

parece fuga,
mas é meu jeito de não despedir
de tudo que me fez até aqui

a quem diz adeus
sem pedir licença
aviso: não o deixo seguir sem mim
sempre vivo estará no meu mundo
já não haverá dor
nem despedidas,

logo
no meu universo
permanecem
somente os encontros
e as memórias que me edificam
e dão sentido
à minha própria existência

e, se insistes em me dizer adeus,
eu te eternizo em mim!

SEM AR

tem um pedaço de mim morrendo
perdendo o fôlego
sem ar

tem um amor não vivido
sentimento reprimido
sem se dar

tem um verso não escrito
um poema não lido
um poeta adormecido

VOCÊ SE FOI

o corpo frio
incide sobre o veludo guardado
impõe aspereza e dor
na cena de amor sonhada

espinha a vulva
denigre a face
uiva a alma
noite escura

roubo do tempo
culpa incutida
sequestro da subjetividade
desleixo

não há sol
não há vida
só o que se perdeu
sem qualquer explicação

dias que seguem
dias se vão
dias de luto
e escuridão

ABISMO

o universo tenta justificar minha solidão
afirmo que eu estou justificada
não quero sair
anseio contemplar em mim o vazio
chorar as lágrimas jamais sentidas
roladas na minha face até engolir o sal

saber-me impiedoso e perverso
sou eu nesse abismo de escolha minha
eu posso escolher, só eu posso
se me acabo num penhasco
se me quebro em mil pedaços

se lanço meu corpo ao infinito
paisagem natureza
ou se fecho meus olhos na fé
na redenção
quero a minha vontade
custa muito
pular sem chance de morrer

e se o abismo é caminho
há chance de recomeçar
reerguer, reolhar, ressignificar

ANOREXIA

um dia,
cheia de poesia

no outro,
anorexia

em mim
a poesia
sacia

se falta,
sou fome
vazia

humana
poeta
sentia

penúria
desejo
asfixia!

TRISTEZA

a poesia ficou rígida
nenhum eco rompeu na aurora
nem cantos se elevaram ao céu

a inspiração paralisou
não há encontros, nem rimas

a falta de ar
mata a voz do poeta abatido

nem prosas, nem versos
resignado
o poeta conta os dias.

GOTAS DE CHUVA

não há problema
não há tristeza
nem solidão
que as gotas de chuva
não possam levar...

permita
deixa levar tudo embora
o cansaço
as dores
frustrações

vejo gotas de chuva caindo
contemplo
simples assim

deixa lavar
deixa fazer
o que você
não consegue agora

só descanse
e ouça as gotas de chuva
lavando a tua alma

MEU RISO

o riso é parte
do retalho da vida
composição
e arte

pontualmente
sigo alinhavando
risos soltos
entre lágrimas
salgadas e sentidas

costuro e rimo
como quem remenda
e junta os pedaços

refaço a dor
em riso
preciso e certeiro

entre linhas e nós
marcas e cicatrizes
estampo no peito
a bandeira da felicidade

porque o poeta impressa
o sorriso que lhe convém

TENTATIVA

na escuridão me encontro, me vejo
paro e penso no exato momento
agora
tento encontrar um beco
um braço, talvez dois
breu transitório
meu luto

ser só não é ruim, só diferente
mergulho
numa vida sem sentido
na incessante busca de alguma memória
que me remeta à estória
que me fez até aqui

sigo só
nem por isso triste
olhos postos no amanhã
se der coragem, vontade
se não,
sigo, enquanto o tempo passa

sei que hoje sou solidão
sei lidar com isso
pela solidão aprendo de mim a ser forte

ESTANCA

quando não escrevo
me perco no tempo
em dias de tanto movimento

sinto em mim
versos calados
que não fiz

preciso
de tempo em tempo
soltar as palavras
ser tua emoção na minha
fazer real o que outrora
estava estancado no peito
na espera reprimida
por um momento de liberdade

MINHA FACE POÉTICA

minha face tem marcas do tempo
meu tempo tem cara de novo
meu novo tem cheiro de vida
e a vida tem gosto de céu

meu céu é repleto de estrelas
minha estrela é poesia sentida
de lágrima e riso
e meu riso encontra minha face
sou eu

é tudo o que tenho agora
um simples sorriso sem poesia
de um tempo que há de passar
viver, sorrir, rabiscar
chorar e traduzir

mais uma vez, poeticamente!

LEMBRANÇAS

jogada no canto
no sofá, no manto
no quarto de dormir
estou só

não tem brincadeira
nem abraço
ao menos um olhar
a me embalar, mimar

quero colo
carinho
da minha criança
jogada no ninho

são lembranças do tempo
saudade do abraço
do carinho no rosto
de trançar meu cabelo

olha, ainda estou aqui

no canto da vida
no beco da sala
minha criança
está com saudade
da boneca que um dia tive
que um dia fui

ECO DE SAUDADE

sinto oco
imensidão de pensares
perdido no tempo
sinto
inspirações pelos ares
ecos

divagam
volteiam o universo
d'onde jaz poesia
e hoje é seca
árida terra
da minha inspiração

gira, gira, mundo
horas passam: desafio
esterilidade de versos
cheiram saudade
do poeta perdido
divagando em afazeres
tantos
contratos, promessas
prazeres
mas nenhum como o teu
poesia!

assim vai se perdendo
o poeta
eco de pura saudade...

PINTURA ÍNTIMA

minh'alma sangra de amor
colorido, imensidão
que outrora tanta dor sentia
vertente entre as cores
dos anjos que me habitam

cores tantas de vidas fecundas!

eis meu retrato
minh'alma, meu sabor

olho em mim as cores
dos amores que tive
dos sonhos perdidos
num mundo encantado
feito pintura íntima
tatuada no peito

ressurge *in* poesia
as minhas recordações
íntimas cores
rasgando sentidos na tela
e no escorregar dos dedos
a tradução do eu

são matizes de versos
olhares perversos
diversos
que me compõem
e tingem minha vida
intrinsecamente...

MOMENTO *TRISTESSE*

ouço Chopin
melodia em meu corpo
som que ecoa na pele
arrepio

bebo *in "Tristesse"*
viajo, sentimentos sombrios
brindo vinho
momento perfeito

não deveria ter fim
não quero
a melancolia toma conta de mim
renasço
eu, Chopin e a tristeza

MEU MUNDO

MULHER

MULHER

dentro de mim
tem mãe
tem filha
tem quem aprende
tem quem ensina

dentro de mim
tem amiga
profissional
tem quem se dá
tem quem recebe

dentro de mim
tem mulher
tem choro
tem gozo
deleite e delícia

dentro de mim
tem poesia
tem rimas
tem versos

tem frente e reverso

são tantas dentro de mim...
todas me traduzem
me rebentam
me fazem mulher!

RASTROS

minha face e meus anos
mostram as rugas do tempo

levanto e me deito
a cada dia
envelheço e renasço

minha menina não me abandona
embora meu tempo me localize

eu e meu espelho
dentro de mim

me olho e
sei que sigo certo!

LIBERDADE

sonhei ser um pássaro
voando alto, longe, livre
comendo migalhas
águia, falcão
arara

de cores mil me vi
lugares lindos eu vi
liberdade, senti
amores, sim, vivi

CADA DIA É ÚNICO

cada dia é um
cada um tem por si
as suas preocupações
e suas decepções
registros do viver

num dia brigamos
não nos falamos
ranhetamos, alfinetamos
nos quebramos

noutro dia nos olhamos
reconciliamos, elogiamos
perdoamos e amamos

que bom a vida ser assim
que existe dia após dia
que podemos reencontrar a alegria
e ser feliz
tudo que eu queria

QUEM SERÁ A MENINA?

ser menina, doce e meiga
anjo que fascina
a menina de trança
com asas de anjo
resiste ser mulher
não sabe bem o que quer

arrisca falar de amor
brinca de quem ama
não sabe o que é amar
assim é a menina
transborda luz no olhar

menina pura, que encanta
quer intensidade da vida
entrega-se às paixões
um viver intenso de emoções

menina, moça, mulher
não sei quem ela é
nem o que ela quer
sei que é carente, sozinha
quem será a menininha?

ROTINA

tanto se deseja sair dela
tantos outros morrem nela
nesse vício de rotina
que tantas vidas domina

busco novas emoções
encantos e novas paixões
viagens, passeios e amores
vá-se embora, monotonia
a rotina se despedia

de repente, dá saudade
de uma vida pacata
da pequena cidade
dos dias de rotina
do sofá, do quarto, da cozinha
saudade do meu cantinho
saudade da minha casinha

a vida é uma incompletude
rotina se mistura com inquietude
vontade de algo diferente
que encante a vida da gente
e nos deixe mais contente

tão bom viver a rotina
de acordar, abrir a cortina
saudar a vida que se renova
dar boas-vindas à novidade
e começar de novo e mais uma vez
ser feliz na pacata vida minha
eu e minha rotina...

MINHA CRIANÇA

quando criança
senti medo e solidão
não guardo lembranças
embora, hora ou outra,
insistam me visitar

não sabia
que a criança
me acompanharia
viva

ela ali ficou
escondida e esquecida
até que o adulto
pensou resgatá-la
para caminhar e ser junto

dialogamos
ela é mais linda
do que eu podia imaginar
os medos e a solidão
vêm se transformando
em força e gratidão
processo e construção

se ela grita, precisa atenção
algo tem a me ensinar
com as memórias que aparecem
de repente
fazem lembrar de onde vim
onde estou
de quem sou

agora ela caminha comigo
e já não estou só
a menina sabe que não é esquecida
e que ela é mais presente
do que jamais imaginei

lágrimas escorrem dos olhos
de alegria, calmaria
ela acabou de chegar
comemorar comigo esse dia
e me lembrar que criança sempre serei
no adulto que me tornei

RECOMEÇO

embora tudo pareça perdido
sei que aí estás
certo é
que vou encontrar-me contigo
quando?
não sei, nem me cabe saber

sentimento de segurança
emerge na minha solidão
talvez a volta da fé
pois, sem ela, estava no chão

no meu olhar há horizonte
não vejo só filmes de horror
posso ver que ainda há flores
sigo em direção do amor

continuo caminhando...

PASSARINHA

sinto como o vento
brisa leve e impetuosa
que avança e recua

sou história
nunca deixo de existir
visto que sou
estou, vou
por onde a vida permitir

e, se vento sou,
sou em mim
livre!

natureza viva
cores e formas indefinidas
apenas sendo...
me compondo
mulher!

BONECA DE PANO

sonhei ser boneca
com carinha sapeca
de olhos castanhos
cílios grandes, sardas e tranças
uma inocente boneca de pano

ser boneca a vida me facilitaria
crer nos sonhos, tantos eu queria
nas nuvens eu viajaria
muita inspiração o céu me daria

boneca é fantasia
desta cabeça poeta
hora quer ser profeta
noutra ser brinquedo de pano
uma doce e linda boneca

talvez seja romantismo
vontade de ser criança
não importa, eu não ligo
só quero ser boneca de trança

que a pureza me habite
que acredite na doçura
que não perca a inocência
nem o ímpeto de sonhar
com uma singela boneca de pano
que permita a minha criança falar

MEU JEITO DE SER

não quero saber onde estive
quero estar!
não me prender ao que falei,
quero falar!
não lembrar de quem amei,
apenas amar!

sem passado
sem estória
agora
exatamente como sou
embalada em neuras
teorias, teoremas

carrego em mim
o jeito descabido
de denunciar a poesia solta
sem memória, só agora
precisamente presente
nada perfeito passado
nem pretérito imperfeito
complicada e inacabada

sou vida que passa pela tua
livre, leve
genuinamente, eu!

EU, MULHER

olhei para mim
frente ao espelho
peguei o algodão
e o demaquilante

toquei minha pele
alva, pintada, definida
fitei-me demoradamente
contemplando os anos
que carrego nos olhos
minha face passada em branco

gosto dessa intimidade
me ver de pele nua
frente aos meus olhos
entrando em minha alma
sendo eu mesma

sem pose
sem rímel
nem blush
eu e o espelho
tirando a máscara
e repensando o dia

aqui estou
tudo o que tenho e sou
meu eu, meus anos,
contemplados no espelho
e sossegados dentro de mim

INTERLIGADO

pelo caminho da verdade
conheço a mim mesma
não há como fugir, nem pretendo

descubro-me quando me experimento
minha luta é viver por meio do que acredito
minha crença, minha verdade

lembrar-me que não sou só no mundo
tudo meu não é tão meu
pois os fios de vida se interligam,
comunicam sentimentos e emoções
passados e futuros

pelo caminho da verdade sigo
eu com todo o universo que me cerca

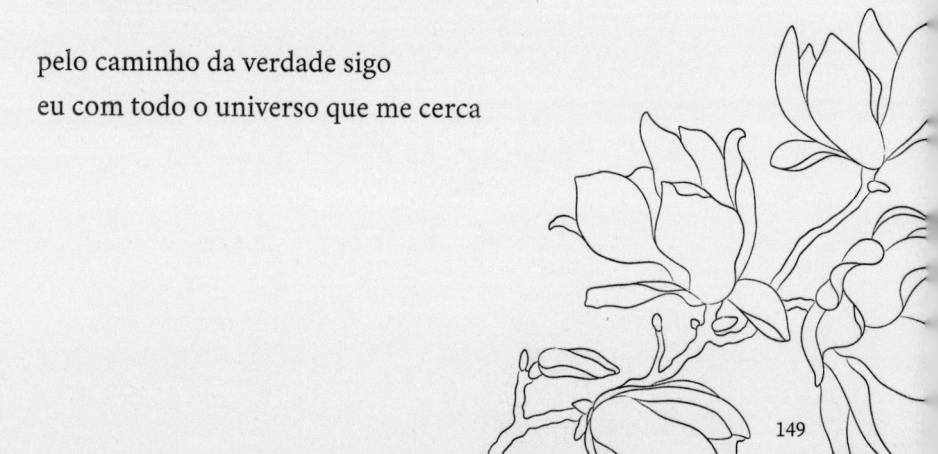

MENINA, MULHER

quando eu era menina
brincava de boneca
agora, minha menina brinca de poesia

liberto palavras
como quem corre atrás dos vaga-lumes
conto sentimentos
como invento as histórias
de brincar de casinha
eu, minha boneca, histórias minhas!

sem ela não teria graça a vida
sem minha boneca querida
sem a poesia vivida

brinco com as palavras
e a poesia me faz menina
a pegar a boneca no colo
embalar, acarinhar, sentir
cada verso que está por vir

sigo fazendo rimas
brinco de ser menina
mas sou mulher
me satisfaço nas lembranças
que a boneca me traz

a poesia em mim!